El Día de los VETERANOS

POR Marlene Targ Brill

ILUSTRACIONES DE Qi Z. Wang

Traducción de Julia Cisneros Fitzpatrick y Mercedes Castañer

yo solo

FESTIVIDADES

ediciones Lerner/Minneapolis

ediciones Lerner
Una división de Lerner Publishing Group
241 First Avenue North
Minneapolis, MN 55401 U.S.A.

Dirección en la red mundial: www.lernerbooks.com

Library of Congress Cataloging-in-Publication Data

Brill, Marlene Targ.
    [Veterans Day. Spanish]
    El Día de los Veteranos / por Marlene Targ Brill ; ilustraciones de Qi Z. Wang ;
    traducción de Julia Cisneros Fitzpatrick y Mercedes P. Castañer.
        p.   cm. — (Yo solo festividades)
    ISBN: 0-8225-3120-8 (lib. bdg. : alk. paper)
    1. Veterans Day—Juvenile literature. 2. Holidays—Juvenile literature. I. Wang, Qi Z.
    II. Title. III. Series.
  D671.B7518 2005
  394.264-dc22   2004030671

  Hecho en los Estados Unidos de América
  1 2 3 4 5 6 – DP – 10 09 08 07 06 05

Para los niños en todas partes que celebran la paz —M.T.B.

Para mi mamá, JiaMo, y mi esposo, Nardu,
quienes siempre me han alentado —Q.W.

El 11 de noviembre de cada año, los
estadounidenses jóvenes y viejos
marchan en desfiles.
Las bandas tocan canciones patrióticas.

4

Las banderas de los Estados Unidos ondean
en las casas, los edificios
y las astabanderas.
¿Qué será lo que todos están celebrando?

La gente en los Estados Unidos
celebra el Día de los Veteranos
como día feriado todos los años.
Les demostramos a los veteranos
lo que significan para nosotros.
Pero, ¿quiénes son los veteranos?
¿Por qué motivo son tan especiales?
Los veteranos son personas que han trabajado
para mantener seguros y libres
a los Estados Unidos.
Protegieron la tierra y los mares
donde vivimos.
También protegieron las ideas, la gente,
y los lugares que son importantes
para los Estados Unidos en todas partes
del mundo.

Los veteranos pertenecen a varios cuerpos,

o grupos, de las fuerzas armadas

de los Estados Unidos.

Los cuerpos incluyen el ejército,

la marina de guerra, los infantes de marina,

la fuerza aérea y los guardacostas.

Se les dice soldados, o miembros del servicio militar.

Los militares trabajan por tierra,

por mar y en el aire.

Cada cuerpo tiene un trabajo distinto.

La gente en la marina de guerra y los guardacostas

viajan en barcos que patrullan

nuestros lagos y océanos.

La gente en la fuerza aérea pilotea aviones

que protegen contra ataques aéreos.

La gente en el ejército va por tierra

a dondequiera que se les necesite.

Y los infantes de marina trabajan en el mar,

en el aire, y en la tierra.

Los trabajos de los militares
a menudo los ponen en peligro.
A veces tienen que luchar en las guerras.
Otras veces ayudan a la gente
que tiene problemas, como por ejemplo
después de una mala tormenta o un accidente aéreo.
Puede que los hieran o los maten
mientras hacen su trabajo.

Muchos trabajos requieren que los militares
estén lejos de su hogar por un largo tiempo.
Extrañan a sus amigos y familiares.
Dejan a un lado su vida en su hogar
para que nosotros podamos vivir en paz.
El Día de los Veteranos nos sirve
para dar las gracias a los hombres y mujeres
que pierden tanto por ayudar a protegernos.

La idea del Día de los Veteranos
se remonta a 1918, antes del cine parlante,
de la televisión y de los aviones
de propulsión a chorro.
La Primera Guerra Mundial había terminado
después de cuatro años de lucha.
La guerra había comenzado cuando
algunos países querían más tierras y poder.
Estos países atacaron a sus vecinos
para conseguir las tierras y poder que deseaban.

Los Estados Unidos entraron en la guerra
en 1917.

Casi 5 millones de estadounidenses pelearon.

Unos 116,000 murieron.

El 11 de noviembre de 1918
terminó la larga y terrible guerra.

Los últimos soldados dejaron a un lado
sus armas.

Eran las once del undécimo día
del undécimo mes del año.

El final de la lucha se llamó
el armisticio.

La noticia del armisticio
se extendió rápidamente.

La gente se lanzó a la calle
en todas partes del mundo.

Sonaron las sirenas de las fábricas,
y las tiendas cerraron.

Todos bailaban y se abrazaban de alegría
porque por fin había paz.

Un año después, el presidente
Woodrow Wilson le pidió al pueblo
de los Estados Unidos
recordar el armisticio por un día.
Designó el 11 de noviembre como
Día del Armisticio.
A las once del día, la gente
en los Estados Unidos y otros países
se puso de pie en silencio por dos minutos.
Guardar silencio fue su manera
de dar gracias por la paz.
El rato en silencio les dio la oportunidad
de pensar en los veteranos
que ayudaron a ganar la paz.

Algunas naciones quisieron hacer más
para recordar a sus soldados.
En 1920, en Gran Bretaña y Francia enterraron,
a un soldado en un lugar de honor especial.
Nadie sabía quiénes eran los soldados.
Los soldados desconocidos representaban
a todos los que habían muerto.
El soldado británico fue enterrado
entre reyes y reinas.

Cada día, a la puesta del sol,
soldados franceses encendían una llama
encima de la tumba del soldado.
La gente en los Estados Unidos tuvo una idea.
¿Por qué no rendir homenaje de la misma forma
a un soldado estadounidense desconocido?

En 1921, un soldado desconocido
fue colocado en una tumba
en un edificio para los muertos.
La tumba fue construida
en el Cementerio Nacional de Arlington
en el estado de Virginia.
Este es un cementerio especial donde
están enterradas las personas
que han ayudado a los Estados Unidos.
Algunos de los muertos son presidentes.
Otros son soldados.
La Tumba del Soldado Desconocido
se cerró a las once del día
el 11 de noviembre.
El presidente Warren G. Harding
ordenó que todas las banderas se izaran
a media asta, como muestra de respeto.

A los estadounidense les gustó tener
un lugar que podían visitar
para honrar a los veteranos.
Pero querían que el 11 de noviembre
fuera un día feriado nacional.
Un día feriado nacional les daría
a todos en el país tiempo para pensar
en los veteranos.

Muchas personas mandaron cartas
con sus propias ideas a los legisladores.
El presidente siguiente, Calvin Coolidge,
dijo que los edificios del gobierno tenían
que izar la bandera el 11 de noviembre.
Animó a las escuelas e iglesias
a rendir homenaje a los veteranos.
Ya para entonces, 27 estados habían designado
el 11 de noviembre como día feriado estatal.

En 1938, los legisladores de la nación
votaron a favor de hacer del 11 de noviembre
un día feriado nacional.
Iba a ser un día para celebrar la paz
en el mundo.
Las escuelas, bancos y edificios del gobierno
cerraron.
No se repartió el correo a hogares ni tiendas.
Los pueblos tenían desfiles
en que marchaban
los niños exploradores (scouts)
y miembros del servicio militar.
Los legisladores se quedaron con el nombre
de Día del Armisticio.
Querían que la gente recordara
la Primera Guerra Mundial.

El primer Día del Armisticio nacional,
el presidente Franklin D. Roosevelt
hizo algo nuevo.
Colocó una corona de flores
en la Tumba del Soldado Desconocido.
Más flores llegaron de todas partes del país.
Los soldados que estaban de guardia
dispararon sus rifles al aire.
Un soldado tocó en su clarín
el toque de silencio,
una música que honra a los muertos.
Desde 1938, cada 11 de noviembre
el presidente ha puesto flores en la tumba
y ha escuchado el toque de silencio.

Tres años más tarde, los Estados Unidos
entraron en otra guerra mundial.
Una vez más, muchas naciones batallaban
por tierras y poder.
Estados Unidos envió más de 16 millones
de valientes militares a pelear
en la Segunda Guerra Mundial.
La mayoría de ellos regresaron sanos y salvos.
Pero más de 400,000
murieron en la guerra.

Más adelante, desde 1950 hasta 1953,
se combatió ferozmente en otra guerra
en Corea.
Individuos por todas partes del país hablaban
de cómo demostrar respeto también
a las fuerzas armadas de estas guerras.

Un hombre llamado Al King decidió hacer algo.

Su sobrino había muerto

en la Segunda Guerra Mundial.

Había visto a muchos jóvenes

dejar sus hogares para pelear en Corea.

Sabía que a muchos de ellos los matarían.

King tenía una zapatería en Emporia, Kansas.

Les arreglaba gratis los zapatos
a los veteranos y sus familias.
Ayudaba a enviar alimentos y ropa
a los hijos de veteranos.
En 1952, le pidió al pueblo que le dedicara
el día 11 de noviembre al veterano.
Quería cambiar el nombre del día feriado
al de Día de los Veteranos.

La idea empezó a hacerse popular.

Al siguiente año, Emporia celebró

el primer Día de los Veteranos con un desfile.

El gobernador de Kansas, Edward Arn, hizo

un discurso.

Dijo, "Esto es algo magnífico.

Debería hacerse en cada ciudad de la nación".

La gente del pueblo reunió dinero

para mandar a King a Washington, D.C.

King logró entusiasmar al legislador de Kansas,

Ed Rees, con su idea.

Rees presentó la idea de King

a los demás legisladores de los Estados Unidos.

Acordaron que el país necesitaba tener una manera

de dar las gracias a todos sus veteranos.

Miles de mujeres y hombres sirvieron

en tiempos de guerra y de paz

para proteger la libertad de los demás.

A ellos había que tenerlos en cuenta también.

En 1954, los legisladores votaron
de nuevo sobre el Día del Armisticio.
Esta vez, cambiaron
el nombre del feriado al Día de los Veteranos.
Dos soldados más fueron enterrados
en la tumba.
Un soldado había muerto
durante la Segunda Guerra Mundial.
El otro había muerto en la Guerra de Corea.
A la tumba se le dio un nuevo nombre:
la Tumba de los Desconocidos.
El Día de los Veteranos demostraba el orgullo
que sentían los estadounidenses
por los soldados
de todas las guerras de su país.
El día también celebraba
la paz que los veteranos nos consiguieron.

El nuevo nombre no fue
el último cambio al día feriado.
En 1968, se aprobó una ley
que fijó el Día de los Veteranos
para el cuarto lunes de octubre.
Como no habría trabajo ni clases ese día,
los estadounidenses podrían tener
un fin de semana largo
en que celebrar el Día de los Veteranos.
Pero varios estados se negaron
a cambiar de fecha.
El 11 de noviembre fue el día
en que se firmó el armisticio.
Eso significaba algo especial
para la gente de esos estados.
En 1978, los legisladores nacionales
se pusieron de acuerdo.
Volvieron a poner el 11 de noviembre
como Día de los Veteranos.

Desde entonces, el pueblo de los Estados Unidos
ha encontrado otras maneras
de honrar a los veteranos.
Las oficinas de correos han vendido sellos
que rinden homenaje a las mujeres
en las fuerzas armadas.
Los legisladores han hecho construir estatuas
y otros monumentos a su memoria.
Los monumentos muestran
a los veteranos de diferentes guerras.

Una estatua muestra a unos soldados
izando la bandera de los Estados Unidos
después de una batalla en
la Segunda Guerra Mundial.
Otro monumento lista los nombres
de los que murieron en la Guerra de Vietnam.
Los estadounidenses lucharon
en la guerra en Vietnam
de 1965 a 1973.

En 1984, un soldado que murió
en la Guerra de Vietnam fue colocado
en la Tumba de los Desconocidos.
Ahora había cuatro soldados
de cuatro guerras distintas.
Una guardia de honor todavía vigila la tumba
las 24 horas del día.
Su vigilancia honra
a todos los estadounidenses
que dieron su vida en las guerras.
Muchos otros países encuentran maneras
de dar las gracias a sus veteranos cada año.
Los nombres y las conmemoraciones
pueden ser distintas.
Pero la mayoría tiene lugar
el 11 de noviembre,
como en los Estados Unidos.

El Canadá y Australia llamaron a su día feriado
el Día de la Remembranza.
Ese día, la gente recuerda
a los soldados que murieron.
Algunas personas del Canadá
llevan puestas amapolas rojas.
Las flores les hacen pensar en los soldados
que murieron en los campos de amapolas
de Europa en la Primera Guerra Mundial.

Gran Bretaña es otro país
que celebra el Día de la Remembranza.
La gente va a la iglesia.
Marchan en los desfiles.
Unos colocan amapolas en los monumentos
de la Primera Guerra Mundial.
Otros se ponen de pie y guardan silencio
por dos minutos a las once del día.
Esta es su manera de rendir homenaje
a los que perdieron la vida en las guerras.

En los Estados Unidos, el Día de los Veteranos
siempre será algo especial.
El día les dice a los millones
de mujeres y hombres en las fuerzas armadas
que su trabajo a favor de la paz es importante.
Los veteranos usan el día para pensar
en el tiempo que pasaron
en las fuerzas armadas.
Y los estadounidenses en todas partes
usan el día para darles las gracias.

¿Qué puedes hacer
el Día de los Veteranos?

Las familias encuentran varias maneras de celebrar la paz y honrar a los veteranos. Aquí tienes algunas cosas que puedes hacer el Día de los Veteranos.

- Únete al desfile de tu pueblo.
- Invita a un soldado o veterano a que le hable a tu clase en la escuela.
- Escribe un cuento acerca de un veterano o veterana que conozcas.
- Visita a un veterano o una veterana que conozcas y que necesite ayuda con quehaceres en su casa, o que quisiera conversar.
- Escríbele a un amigo o una amiga por correspondencia en las fuerzas armadas.
- Pon una bandera en frente de tu casa.
- Canta canciones que demuestran sentir orgullo de los Estados Unidos, tales como "My Country 'Tis of Thee".
- Pinta una bandera para hacerla ondear en un desfile o colgarla en tu cuarto.
- Mándale una carta a alguien en las fuerzas armadas dándole las gracias.
- Visita un monumento o museo de los veteranos.
- Presenta una pieza de teatro sobre el Día de los Veteranos.
- Pon flores en la tumba de un soldado.
- Escribe una lista de lo que puedes hacer para que haya más paz en el mundo.

Fechas importantes

1918—La Primera Guerra Mundial termina a las once del día el 11 de noviembre.

1919—Woodrow Wilson da al 11 de noviembre el nombre de Día del Armisticio.

1921—Entierran a un soldado desconocido de la Primera Guerra Mundial en la Tumba del Soldado Desconocido.

1938—Los legisladores hacen del Día del Armisticio un día feriado nacional.

1941—Los Estados Unidos entra en la Segunda Guerra Mundial. La guerra termina en 1945.

1950—Se combate en la Guerra de Corea. Termina en 1953.

1953—Ed King anima a la gente de Emporia, Kansas, a celebrar el primer Día de los Veteranos en honor de los veteranos de todas las guerras de Estados Unidos.

1954—Los legisladores cambian el nombre del día feriado nacional del Día del Armisticio al Día de los Veteranos.

1958—Un soldado desconocido de la Segunda Guerra Mundial y uno de la Guerra de Corea son enterrados en la Tumba de los Desconocidos.

1968—Los legisladores cambian la fecha del Día de los Veteranos para el cuarto lunes de octubre.

1978—El congreso nuevamente fija el 11 de noviembre como el Día de los Veteranos.

1984—Se entierra a un soldado de la Guerra de Vietnam en la Tumba de los Desconocidos.

Páginas de la red mundial sobre el Día de los Veteranos

Departamento de Asuntos de Veteranos: Los Niños de VA [Veterans Affairs] http://www.va.gov/kids/k-5

Departamento de Asuntos de Veteranos: El Día de los Veteranos http://www1.va.gov/vetsday/

EnchantedLearning.com: Manualidades para el Día de los Veteranos http://www.enchantedlearning.com/crafts/veterans

Pieza de teatro escolar para el Día de los Veteranos http://www1.va.gov/pubaff/vetsday/vetplay.htm